CHAMBRE DE COMMERCE DE COGNAC

RAPPORT

CONCERNANT

LE PROJET DE LOI SUR LES FAILLITES

RÉDIGÉ PAR

M. Lucien MARCHAND

MEMBRE DE LA CHAMBRE DE COMMERCE

Et lu en Séance du 20 Février 1886

COGNAC

IMPRIMERIE GUSTAVE BÉRAULD

31, Rue de l'Ile-d'Or, 31

—

1886

RAPPORT

CONCERNANT

LE PROJET DE LOI SUR LES FAILLITES

RÉDIGÉ PAR

M. LUCIEN MARCHAND

MEMBRE DE LA CHAMBRE DE COMMERCE

Et lu en Séance du 20 Février 1886

COGNAC

IMPRIMERIE GUSTAVE BÉRAULD

31, Rue de l'Ile-d'Or, 31

1886

RAPPORT

CONCERNANT

LE PROJET DE LOI SUR LES FAILLITES

RÉDIGÉ PAR

M. Lucien MARCHAND, Membre de la Chambre de Commerce

Et lu en Séance du 20 Février 1886

Examen du projet de loi sur les Faillites

Le législateur n'est autorisé à modifier les bases fondamentales de la loi, qu'autant que celle-ci se trouve en contradiction ou en opposition avec une situation sociale nouvelle, résultant de la marche incessante du progrès qui pousse l'humanité à la perfection et à la civilisation.

La loi, dès lors, étant perfectible, il est du devoir du législateur de l'approprier aux besoins nouveaux qui se révèlent, et de satisfaire ainsi aux critiques dont elle peut être l'objet. Mais lorsque la loi s'applique à des faits particulièrement déterminés, présentant à toute époque les mêmes caractères, dérivant des mêmes causes, produisant les mêmes effets, il semblerait qu'elle devrait rester immuable dans ses principes généraux. Aussi sommes-nous amenés à chercher s'il n'y aurait pas danger à remanier, aussi profondément que le propose le nouveau législateur, la loi sur les faillites, loi qui depuis un demi-siècle s'est enracinée dans les habitudes que le temps a consacrées, que des législations étrangères nous envient, et qui ne saurait être tout au plus susceptible que de quelques retouches de détail.

Sans nous faire apologistes outre mesure de la loi de 1838, nous pensons qu'il n'était pas nécessaire d'en changer la réglementation, qu'il eut suffi en conséquence de répondre, par certaines améliorations de détail, aux critiques que l'expérience avait indiquées.

La base du nouveau projet de loi est le fait de la cessation de paiements déclarée par le débiteur, mais avec deux conséquences bien différentes : l'une pouvant engendrer le concordat et l'autre ne produisant forcément que l'état d'union. Tel est le point de départ des deux titres de la liquidation judiciaire de la faillite.

TITRE I

De la Liquidation judiciaire

A première vue on est séduit par la pensée qui a dirigé le législateur, de punir le débiteur de mauvaise foi, de favoriser le failli malheureux et honnête, l'homme réduit, par des circonstances en dehors de toutes prévisions, à la misère. Mais si on examine le projet de loi dans son application pratique et ses conséquences, on est désillusionné.

1° En effet, les conditions imposées par la liquidation judiciaire sont de telle sorte que leur exécution est à peu près impossible ; elles sont en contradiction même avec les tendances de l'esprit humain ;

2° La liquidation judiciaire n'offre pas une garantie suffisante, pour que celui qui y aurait recours puisse y trouver une sécurité en vue de l'obtention des avantages qu'elle offre.

§ 1er — De son Application

En imposant au débiteur l'obligation de déclarer son état de cessation de paiements dans les dix jours, le législateur a eu, pour but principal, de mettre un terme aux tentatives de concordats amiables souvent infructueuses, presque toujours répréhensibles.

Quels sont les caractères distinctifs de la cessation de paiements ? Le nouveau législateur ne les définit pas plus que le législateur de 1838 ; dans son exposé des motifs, il déclare lui-même son impuissance à le faire. Il en résulte que le point de départ des dix jours n'étant pas fixé d'une manière certaine, le projet de loi manque d'une base suffisante pour servir de principe et de distinction à la double situation qui peut être faite au débiteur. Ce point de départ ne pourra être établi que dans le cours de la liquidation judiciaire et par les tribunaux, en sorte que le débiteur restera indécis sur la véritable situation que lui créera la loi. Devra-t-il se considérer à l'abri tutélaire de la liquidation judiciaire ? Est-ce au contraire le régime bien autrement sévère de la faillite qui réglera sa situation ? Il l'ignorera.

La crainte de la faillite sera-t-elle assez forte pour lui faire accepter sans hésitation la liquidation judiciaire ? Nous ne le croyons pas.

La liquidation judiciaire, en effet, ne sera-t-elle pas de fait une flétrissure presque égale à la faillite, malgré les tempéraments apportés par le législateur ?

Celui qui aura réuni ses créanciers sous le couvert de la loi, qui leur aura exposé sa situation et leur aura dit : « Je ne puis plus payer », ne sera-t-il pas toujours considéré comme ayant failli à ses engagements, et n'en demeurera-t-il pas moins condamné aux yeux de l'opinion ?

Le législateur croit-il que le débiteur viendra ainsi de plein gré confesser sa honte ? L'expérience de tous les jours n'apprend-elle pas, au contraire, que plus le débiteur est honnête, plus grands sont ses efforts pour éviter le déshonneur de la faillite, ou la publicité de sa ruine imminente. Il n'abandonne pas si facilement l'espoir de résister aux embarras de la situation, et il trouve souvent ses créanciers disposés à confirmer ses espérances. Des opérations plus fructueuses peuvent survenir ; les amis et la famille seront mis à contribution, etc. A ce point de vue, cette lutte de l'homme honnête contre la mauvaise fortune est-elle donc si blâmable ?

Et ce sera uniquement, parce que croyant être sauvé du naufrage, comptant sur une dernière planche de salut qui lui échappe, cet homme aura laissé passer cette limite de dix jours, pour qu'il n'ait d'autre perspective à attendre de la loi que la faillite sans merci. Serait-il donc plus honnête s'il était resté dans l'inaction, mais qu'il eut satisfait en ce point à la loi ? Evidemment non.

Chercher à mettre fin aux concordats amiables en leur donnant, par la liquidation judiciaire, la garantie qui s'attache à toute opération qui se traite sous la surveillance du juge, est sans doute une excellente intention de la part du législateur. Mais, de ce que j'aurais tenté un concordat en dehors de la justice, que je l'aurais obtenu très loyalement, que, plus tard, par des circonstances involontaires, ne pouvant plus exécuter les conditions, il se trouvera démontré que j'étais en cessation de paiements bien avant les dix jours précédant le moment actuel, faudra-t-il exercer contre moi les rigueurs de la faillite ? Cette conséquence ne nous paraît pas juste. La liquidation judiciaire partant d'un point de départ non établi, sera d'une application douteuse, sinon impossible, et, par suite, ne saurait être acceptée telle.

§ 2me — De sa Garantie

La liquidation judiciaire étant la seule porte ouverte au concordat, il s'ensuit : 1° Que le créancier hésitera à chercher dans les moyens ordinaires, que la loi met à sa disposition, la garantie de sa créance : car il n'ignore pas que la faillite, faisant l'égalité entre les créanciers, peut faire tomber les hypothèques qui lui auraient été consenties ; en outre, il aura à redouter que cette garantie elle-même, offerte par son débiteur, ne retarde le dépôt du bilan de ce dernier et qu'il ne perde, par suite, non seulement les avantages obtenus, mais encore ceux que lui procurerait le concordat.

Le créancier prudent devra donc exercer contre son débiteur, à la moindre crainte, à la moindre vacillation de son crédit, les poursuites rigoureuses de la liquidation judiciaire, puisqu'il lui est défendu de traiter à l'amiable sans grave préjudice ;

2° De son côté, le débiteur, s'il se résout volontiers à renoncer à toute tentative de traité ou d'entente amiable avec son créancier, et demande le bénéfice de la liquidation judiciaire, n'est point assuré que sa bonne foi et son obéissance à la loi lui garantissent les avantages qu'il est en droit d'espérer, ou de recueillir, puisque, comme nous l'avons dit plus haut, il peut arriver que dans le cours de la liquidation judiciaire, la déclaration de faillite soit prononcée contre lui.

Le concordat et l'excusabilité ne sont qu'une probabilité aléatoire, le créancier ayant toujours la faculté de l'accorder ou de s'y refuser. Donc cette perspective, quelque attrayante qu'elle soit, ne peut être qu'un mirage trompeur.

Nous comprendrions, peut-être, que si le concordat fût une obligation imposée au créancier au profit de son débiteur, qui aurait ainsi obéi aux prescriptions de la loi, le débiteur de son côté serait sans excuse de ne pas s'y soumettre de bonne grâce, car alors la garantie serait inefficace. Mais il nous paraît aussi impossible d'imposer au créancier l'obligation forcée de consentir au concordat, que de lui interdire ce droit soit avant la liquidation judiciaire, soit en matière de faillite pure et simple.

Donc la liquidation judiciaire mettant en péril les intérêts du créancier, ne protégeant pas le débiteur contre la faillite toujours possible, ne nous paraît pas offrir les garanties qu'on est en droit d'exiger de la loi.

§ 3me — De ses Avantages

D'après le projet de loi, l'homologation du concordat aura pour conséquence d'affranchir le débiteur insolvable de la qualification de failli, et de le réintégrer dans ses droits politiques (art. 460). Il n'encourt d'autre incapacité que l'interdiction d'être élu membre du Tribunal de Commerce, de la Chambre de Commerce, du Conseil des Prudhommes et des Chambres consultatives des Arts et Manufactures. Nous ne pensons pas que la loi doive conférer, même en matière de liquidation judiciaire, ce bénéfice au débiteur ayant obtenu un concordat homologué. Le législateur en introduisant dans le projet de loi ce principe nouveau, a pris en considération la forme actuelle du gouvernement qui nous régit. Mais si la forme politique a changé depuis la loi de 1838, le fait de ne payer qu'une portion de sa dette n'a pas varié de nature.

Au dessus des principes politiques, il existe des principes naturels qui ne permettent pas de considérer de la même façon l'homme qui remplit ses engagements et celui qui ne les tient pas.

Pourquoi, en définitive, admettre au gouvernement de la chose publique, celui qui n'aura pas su gérer ses affaires ; quelle garantie du reste offrirait-il à ses concitoyens ? Dès lors plus le débiteur sera honnête, plus il aura à cœur de se réhabiliter au lieu de se borner strictement aux clauses parfois dérisoires d'un concordat ; et plus tard, si la fortune vient à lui sourire, il ne lui suffira pas d'en faire un vain étalage, il se souviendra qu'elle ne lui appartient pas tant qu'il n'aura pas désintéressé complètement ses créanciers, et s'il l'oubliait, l'infériorité de sa situation politique, en l'écartant du scrutin, serait là pour le lui rappeler.

Nous pensons qu'il serait plus dans l'esprit des matières soumises à cette étude, si le législateur veut sanctionner l'honnêteté reconnue d'un débiteur, d'établir, par un article spécial, une disposition qui affranchirait le failli, jugé excusable après l'homologation du concordat, de toute poursuite de la part du ministère public, la loi de 1838 étant muette en ce sens.

En résumant ces conditions générales sous le titre de la liquidation judiciaire, nous redirons que telle qu'elle est présentée au rapport, elle ne nous paraît pas pratique et qu'elle ne semble offrir aucune garantie nouvelle soit au créancier, soit au débiteur.

Considérations Particulières

N'admettant pas l'ensemble de la liquidation judiciaire, il paraîtra superflu de l'examiner dans ses détails ; nous le ferons néanmoins, car à côté des articles que nous aurons à critiquer, ce titre renferme certaines dispositions qu'il sera bon de retenir, pour les introduire dans la loi actuelle de 1838.

L'art. 440 du projet de loi porte que :

Le jugement qui déclare ouverte la liquidation judiciaire est délibéré en chambre du Conseil et rendu en audience publique, etc.

Cette disposition, qui n'est qu'une transaction entre les membres de la commission chargée d'examiner le projet de loi, n'a aucune raison fondée et ne se justifie même pas par l'importance du jugement à rendre.

En matières commerciales, la loi, dans d'autres matières touchant d'une manière aussi grave à l'honneur et au crédit du commerçant, n'a point exigé du juge l'obligation de délibérer en chambre du Conseil. Le juge saura toujours à propos se retirer dans la salle de ses délibérations, avant de rendre un jugement d'une importance majeure ; au surplus, dans la circonstance, le tribunal ne semble appelé qu'à constater un fait dont on requiert la déclaration et qu'il ne saurait refuser.

Les articles 442 et 443 déterminent le cas où le débiteur pourra agir de concert avec son liquidateur ou avec l'autorisation du juge-commissaire et du tribunal. Nous remarquons que le liquidateur n'a qu'un pouvoir restreint, il surveille et n'agit pas.

Il pourra être choisi parmi les parents du débiteur, puisque l'article 463 de la loi de 1838, relatif à l'exclusion de parenté, ne se trouve pas reproduit dans ce projet de loi. Le débiteur n'étant pas à proprement parler dessaisi de l'administration de ses biens, ne devrait-il pas être mis, au contraire, sous le contrôle d'une surveillance plus rigoureuse ? et n'est-il pas à craindre que le liquidateur, attaché au débiteur par les liens de parenté, ne soit trop bien disposé à son égard à une indulgence nuisible ?

Il est vrai que ce liquidateur ainsi imposé à la liquidation par le tribunal, (art. 440 et 446), sera lui-même soumis à un contrôle. Nous ne voulons pas anticiper sur les observations que nous inspire la création des contrôleurs en matière de faillite et que nous exposerons ci-après. Leur rôle étant à peu près le même dans les deux hypothèses, nous nous contenterons de dire que nous redoutons l'ingérence de ces agents nouveaux, qui, soit par excès de zèle et créant un antagonisme avec le liquidateur, entraveront la marche de la liquidation, soit par la gratuité de leur mandat, négligeront les fonctions qui leur seront confiées.

Avant d'abandonner l'art. 446, signalons encore que l'obligation imposée au greffier d'informer les créanciers par lettre recommandée dans les trois jours du jugement d'ouverture de la liquidation judiciaire, est un délai trop court et un moyen trop onéreux : que ce mode d'information ne saurait suppléer la publicité résultant de la publication du jugement dans les journaux.

A cet égard nous ne voyons pas que le préjudice causé au débiteur par l'annonce légale dans les journaux soit plus grand que la publicité de son état de cessation de paiements proclamée par un tribunal en séance publique.

La publicité donnée par les journaux sera évidemment plus grande, mais en revanche les tiers oubliés sur un bilan préparé à la hâte pourront être ainsi prévenus de la situation nouvelle de leur débiteur, et participer aux opérations de la liquidation, dont on voudrait parfois à dessein les écarter.

De bonne foi même, le débiteur peut ignorer son véritable créancier, surtout en matière de lettre de change, les tiers porteurs pouvant avoir intérêt à connaître le changement d'état du tiré ou du souscripteur de la valeur.

Nous estimons donc que la publication dans les journaux, loin d'être facultative au gré du juge, doit être obligatoire : C'est le moyen le plus sûr et le moins onéreux.

L'art. 447 réduit les délais pour la production des créances.

Cette modification se justifie par la rapidité nouvelle des communications, et nous pensons que le législateur a sagement fait d'accepter cette voie plus rapide, et l'art. 492 de la loi de 1838 pourrait être remplacé avantageusement par l'art. 447, sauf dispense de lettre recommandée, une simple lettre-circulaire et la publication dans les journaux devant être maintenues.

L'art 449, 3e paragraphe, porte :

« Si des lettres de change ou des billets à ordre souscrits ou endossés par le débiteur, et non échus au moment de la dernière assemblée, sont en circulation, le liquidateur pourra obtenir du juge-commissaire la convocation d'une nouvelle assemblée de vérification. »

Il est vrai que cette nouvelle réunion est toute facultative de la part du juge, mais elle peut occasionner des lenteurs qu'il serait possible d'éviter.

Notons à ce propos, qu'il nous paraîtrait plus économique et plus rapide de donner au juge-commissaire le droit, qui appartient seul au tribunal d'après la loi de 1838, d'admettre, dans les cas prévus par l'art. 449 du projet de loi, un créancier à titre provisoire, sous l'obligation par ce dernier de représenter son titre de créance soit à l'époque du concordat, soit au moment de la distribution.

Et dans le cas où, au moment du concordat, le créancier serait dans l'impossibilité de faire cette représentation, de laisser alors aux tribunaux le soin de confirmer l'admission faite par le juge-commissaire.

Nous arrivons ainsi à la formation du concordat.

L'art. 453 porte que le concordat sera formé avec la majorité de tous les créanciers vérifiés ou admis par provision, représentant en outre les deux tiers de la totalité des créanciers vérifiés, etc. ; l'article 507 de la loi de 1838 dit les trois quarts de la totalité des créanciers.

C'est là, à notre point de vue, une modification acceptable et d'une haute importance qui devrait trouver place dans la loi de 1838.

C'est, en effet, faciliter les concordats, tout en respectant dans une juste limite la part qui doit être faite à l'importance du capital.

Il s'est élevé à ce sujet de nombreuses dissertations ; bon nombre d'esprits très droits ont été d'avis de s'en remettre à la majorité en nombre et à la majorié en somme.

S'il existe une certaine proportionnalité entre le chiffre de la créance du créancier et sa propre fortune, il n'en est pas de même des créances considérées dans la masse, les unes à l'égard des autres; la relation entre ces divers intérêts échappe à tous moyens précis d'appréciation et varie suivant les espèces.

Il est donc juste que le législateur protège l'importance du capital, dans une mesure telle que la réussite du concordat ne dépende pas seulement du caprice arbitraire du créancier important, au détriment des intérêts également respectables des petits créanciers, et que ces derniers puissent, à leur tour, en se groupant faire échec à l'occasion aux exigences ou aux facilités trop grandes des gros créanciers.

Il n'en serait pas ainsi, si la majorité pure et simple des sommes devait être admise, car alors le capital important serait à la merci des petits créanciers. La loi nous semble donc avoir apporté une sage pondération en la matière et nous l'approuvons.

Sans revenir sur les observations que nous avons présentées sur l'art. 460 au sujet des avantages politiques qui en résultent au profit du débiteur ayant obtenu son concordat, nous dirons seulement que les effets de l'homologation produiront une anomalie des plus singulières.

Relisons l'art. 460 nouveau, il est ainsi conçu :

En cas d'homologation, le tribunal déclare la liquidation judiciaire terminée. Les effets du jugement d'ouverture de la liquidation judiciaire cessent de plein droit; le débiteur n'encourt d'autre incapacité que l'interdiction d'être élu membre du Tribunal de Commerce, de la Chambre de Commerce, du Conseil de Prudhommes et des Chambres consultatives des Arts et Manufactures. Or voici un débiteur qui a eu la bonne fortune d'échapper à la faillite et d'avoir son concordat homologué, n'aura plus le droit d'être élu membre du tribunal de commerce, etc., etc., mais pourra être éligible aux plus hautes fonctions de l'Etat.

Abandonnant le titre de la liquidation judiciaire dont les diverses autres dispositions se ressentent de la loi de 1838, nous aborderons l'étude du titre des faillites

<h2 style="text-align:center">TITRE II</h2>

De la Faillite — Considérations Générales

L'art. 468 nouveau détermine le cas où la faillite peut être déclarée.

Nous nous contenterons d'examiner le § 1er de cet article qui est ainsi conçu :

« La faillite est déclarée par jugement du tribunal de commerce soit d'office, soit sur la poursuite des créanciers, s'il est reconnu que le débiteur n'a pas demandé l'ouverture de la liquidation judiciaire dans les dix jours de la cessation de ses paiements. »

Nous avons déjà fait remarquer qu'il existe des circonstances accidentelles, à l'abri de tout reproche, qui peuvent empêcher le débiteur, même honnête, de déposer son bilan dans le délai sus fixé.

Nous répétons que le législateur n'a pas déterminé les signes indicatifs de la cessation de paiements.

La loi du 22 septembre 1807, sur les faillites et banqueroutes, s'était montrée plus explicite.

Son art. 441 disait, en effet : « l'ouverture de la faillite est déclarée par le tribunal de commerce ; son époque est fixée soit par la retraite du débiteur, soit par la fermeture de ses magasins, soit par la date de tous actes constatant le refus d'acquitter ou de payer des engagements de commerce. Tous les actes ci-dessus mentionnés ne constateront néanmoins l'ouverture de la faillite, que lorsqu'il y aura cessation de paiements ou déclaration du failli. »

Cet essai de définition avait donné lieu, dans la pratique, à des difficultés nombreuses que voulut éviter le législateur de 1838, en restant muet à cet égard.

Mais le silence de la loi de 1838 sur ce point se justifiait naturellement en raison de la sage économie de ses principes, qui, s'ils paraissaient plus sévères en obligeant le débiteur à faire le dépôt de son bilan dans les trois jours de sa cessation de paiements, lui accordaient en revanche la possibilité d'obtenir un concordat. C'est donc à tort qu'on a taxé de sévère la loi de 1838.

Le législateur nouveau devrait déterminer d'une manière précise cette définition de la cessation de paiements, sinon, malgré son désir de protéger le débiteur honnête par les effets de la liquidation judiciaire, et punir le débiteur de mauvaise foi par les conséquences de la faillite, il risque de frapper à faux par cette distinction non suffisamment déterminée.

Ne sommes-nous pas autorisés, dès lors, à nous effrayer de la sévérité du nouveau législateur, qui, en matière de faillite, supprime la possibilité du concordat. Cette interdiction frappera non seulement le débiteur, mais encore le créancier.

Le concordat, en effet, ne doit pas être considéré seulement comme une faveur accordée au débiteur, mais au contraire, et surtout, comme un droit imprescriptible appartenant au créancier pour la sauvegarde de sa créance.

Le créancier, seul juge de ses intérêts, doit toujours pouvoir concéder ou refuser le concordat.

Il a le droit d'exiger de son débiteur, en raison même des facilités qu'il lui accorde, un effort, un travail, un changement d'existence qui lui garantissent le recouvrement d'une part plus importante de sa créance, plutôt que celle que lui fournirait le produit de la liquidation des biens de son débiteur, et plus tard le paiement du solde par la réhabilitation.

Sans doute il est juste de favoriser le débiteur de bonne foi et malheureux, d'alléger pour lui les conséquences de sa ruine : nous avons indiqué à notre point de vue l'avantage qui pourrait lui être accordé par le fait de l'excusabilité, c'est-à-dire la garantie d'être à l'abri de toutes poursuites de la part du ministère public ; car la société ne peut être plus exigeante que les victimes mêmes du failli ; et si les créanciers ont pardonné, la société doit se tenir pour satisfaite ; sans doute il est juste de punir le débiteur malhonnête, et ici, le créancier, ayant la faculté d'accorder ou non le concordat, aurait également le droit tout en concordant de refuser l'excusabilité, et le fait de n'avoir pas été déclaré excusable pourrait être l'objet d'une disposition spéciale à ajouter aux dispositions de la loi.

Sans doute il est juste d'empêcher ces essais de concordats amiables, où le créancier est presque toujours la dupe de son bon cœur, disons de sa naïveté : mais il est un moyen facile d'enrayer cet élan vers les concordats amiables, d'abord en invitant le juge à accorder moins de délais, lorsqu'une demande de faillite se présente à sa barre, ensuite en sanctionnant le défaut d'exécution de ces concordats par des peines sévères, notamment dans ce cas seulement, l'interdiction de pouvoir être déclaré excusable.

Mais il est juste avant tout de protéger le créancier assez compromis déjà par le fait de son débiteur. Ne pas lui faire un reproche de n'avoir pas exercé contre lui les rigueurs de la loi, en le forçant, aussitôt qu'il s'aperçoit d'une gêne momentanée, de déposer son bilan, dans la crainte de voir s'écouler ce délai fatal de dix jours, après lesquels il n'y a plus de concordat possible; mettre les personnes disposées à cautionner le failli dans l'impossibilité de lui venir en aide.

Agir autrement ne serait-ce pas compromettre le crédit, porter une grave atteinte aux transactions commerciales ?

Ne serait-ce pas aussi une entrave apportée à la réhabilitation du débiteur? Car, dépouillé de tout par le fait de la liquidation de son actif, avec quelles ressources pourra-t-il recommencer les affaires, en vue de sa réhabilitation?

Même ne peut-on pas dire que ce dernier espoir lui est enlevé, puisque le 3e paragraphe de l'art. 518 porte : « Dans l'un et l'autre cas, les créanciers rentrent dans l'exercice de leurs actions individuelles contre le failli, c'est-à-dire après la clôture des opérations de la faillite. »

Le failli désormais n'aura d'autre pensée, surtout s'il est malhonnête, que d'échapper à toutes recherches de la part de ses créanciers; s'il recommence les affaires, ce sera sous un nom d'emprunt et il se gardera bien de faire profiter le créancier des nouveaux bénéfices qu'il pourrait réaliser. Alors on assistera à ce spectacle peu moral, non-seulement d'un failli qui ne paie pas ses dettes, mais qui cherchera par des dehors luxueux à froisser le créancier qu'il pourrait avoir ruiné, ou bien si l'activité et l'énergie lui font défaut, il sera à la charge de la société le reste de sa vie ; et c'est l'un ou l'autre de ces faillis, suivant les cas ci-dessus exposés, qui pourra néanmoins bénéficier sans concordat de l'excusabilité conformément au § 1er de l'art. 518.

« Si le failli est déclaré excusable, il reprend l'exercice de ses droits électoraux suspendus par le jugement déclaratif de la faillite, mais n'est éligible à aucune fonction élective. » La loi en fait une moitié de citoyen ; c'est là un moyen terme, peut être ingénieux, mais assurément bizarre.

Donc nous ne pensons pas qu'il faille augmenter le nombre des électeurs en lui ajoutant celui des faillis excusables; le suffrage universel n'a rien à y gagner, et nous l'avons dit ailleurs, notre estime est trop grande pour le droit de citoyen pour qu'on puisse y porter atteinte.

Plus en effet il s'attachera d'honneur à porter le titre de citoyen, plus celui qui en aura été privé devra avoir à cœur de le recouvrer ; c'est là le principe le plus honnête et le plus noble qui poussera le failli à la réhabilitation qu'il faut encourager; et si le failli venait à perdre ce sentiment, l'indulgence octroyée par la loi deviendrait une dérision.

Des considérations générales qui précèdent, il résulte que nous ne saurions adopter les principes qui servent de base au titre de la faillite, parce que :

1° La base du projet de loi est incertaine ;

2° Sa sévérité frappe injustement le créancier et entrave sa liberté.

Considérations Particulières

Nous rechercherons maintenant dans les diverses dispositions que renferme le titre de la faillite, celles qui pourraient être retenues pour être introduites dans la loi de 1838. Nous réservant de critiquer celles qui ne nous paraîtront pas suffisamment justifiées.

Le projet de loi parle au titre de la faillite, d'administrateur provisoire ou définitif, et au titre de la liquidation judiciaire, de liquidateur judiciaire.

Changez le nom de syndic si vous le voulez, mais faites-en d'abord un personnage honorable et honnête.

Rechercher avec soin les hommes auxquels la justice peut confier en toute sécurité le gage des créanciers, ce serait peut-être la meilleure réforme à apporter à la loi.

Malgré cette nouvelle dénomination, le législateur ne paraît pas accorder une confiance absolue à ses administrateurs, puisqu'il place à leur côté deux surveillants sous le nom de contrôleurs.

Or, de deux choses l'une, ou le syndic (nous voulons dire l'administrateur) est honnête ou il ne l'est pas.

S'il est honnête, nul besoin de contrôleurs ; s'il ne l'est pas, comme il appartient de droit soit au failli lui-même, soit aux créanciers de surveiller les actes du syndic, de se plaindre des retards de la procédure, de se faire rendre un compte exact jour par jour de la comptabilité des faillites, suivant le mode prescrit par le décret du 25 mars 1880, et de s'assurer ainsi si le dépôt des sommes réalisées a été effectué régulièrement à la caisse des dépôts et consignations, le rôle des contrôleurs s'efface, le syndic pouvant, suivant les cas, être cassé de ses fonctions et remplacé.

D'où la nécessité de contrôleurs ne nous paraît pas justifiée.

En outre des difficultés qui s'élèveraient entre eux et l'administrateur, souvent pour des causes futiles et qui ne feraient qu'entraver la marche de la faillite, ce pouvoir intermédiaire établi entre l'administrateur et le juge-commissaire sera le plus souvent vexatoire pour le premier et diminuera d'autant l'autorité du second.

Il n'est pas jusque dans l'art. 503, § 3, qui ne pourrait être remplacé ainsi :

« Si le retard excède quinze jours, le juge-commissaire est tenu de porter le fait à la connaissance de M. le Procureur de la République. »

Car ne l'oublions pas, le juge-commissaire est chargé de veiller à toutes les opérations de la faillite, sinon il devient à peu près inutile.

Avec cette modification nous croyons que l'art. 503 devrait trouver place dans la loi de 1838.

Nous n'avons aucune observation particulière à faire sur les art. 471 à 478 inclusivement qui reproduisent avec peu de changement les premiers articles de la loi de 1838.

Nous arrivons ainsi aux articles 479 et 480 qui modifient d'une manière sensible les art. 446, 447 de la loi de 1838, relatifs aux annulations de paiements, rapports à effectuer à la masse, etc.

Nous acceptons la réforme proposée, bien que le législateur n'atteigne pas les actes passés dans les dix jours précédant la date de la cessation de paiements.

Il est de fait qu'à défaut de jugement de report, la date réelle de la cessation de paiements est le jour du jugement déclaratif de la faillite, à moins, bien entendu, d'énonciations contraires dans le jugement ; par suite certains actes énumérés dans l'art. 446 passés dans les dix jours précédant le jugement déclaratif de faillite sont nuls, *juris et de jure*, mais on n'a pas entendu frapper de la même nullité les actes passés dix jours avant la date de la cessation de paiements, lorsque celle-ci se trouve reportée à une date antérieure au jour du jugement déclaratif de faillite, soit par ce dernier jugement lui-même, soit, ce qui arrive le plus souvent, par un second jugement subséquent. Car il est toujours possible de faire remonter la date de la cessation de paiements, à une date telle qu'elle frappe l'acte dont on recherche la nullité; tandis que pour les actes faits dans la période des dix jours avant le jugement déclaratif de faillite, ils sont nuls de plein droit, sans qu'il soit besoin d'indiquer dans le jugement déclaratif de faillite une date autre pour la cessation de paiements que celle du jugement lui-même. Ces deux dates se confondent.

En acceptant le nouveau texte de loi, le juge devra désormais fixer d'une manière spéciale, dans le jugement même de déclaration de faillite, la date réelle de la cessation de paiements, en la faisant remonter le plus souvent, et pour éviter toute difficulté, à dix jours auparavant.

En pratique également, si l'art. 447 de la loi de 1838 laissait un pouvoir discrétionnaire au juge d'annuler d'autres paiements, etc... consentis à des créanciers ayant eu connaissance de l'état de cessation de paiements de leur débiteur, les juges consulaires n'usaient de ce droit que lorsque des faits de la cause il ressortait pour eux la conviction que le créancier avait eu cette connaissance de la cessation de paiements. Aussi ces paiements étaient-ils presque toujours annulés par le juge, d'autant plus qu'avant d'introduire ces sortes d'instances, le syndic prenait l'avis du juge-commissaire, étudiait avec lui l'opportunité de ces procès. Nous ne voyons donc pas de difficultés à ce que la faculté laissée au juge en l'art. 447 de la loi de 1838, soit remplacée par l'obligation édictée par l'article 479 du projet de loi.

Nous acceptons aussi la distinction faite par le nouveau législateur au sujet des actes à titre onéreux (art. 480).

Nous arrêterons ici notre examen détaillé du titre II, car les articles suivants qu'il contient sont la reproduction à peu près textuelle de la loi de 1838 ou réglementent *in fine* l'excusabilité que nous avons traitée dans nos considérations générales qui précèdent et sur lesquelles nous n'avons pas à revenir.

TITRE III

Des dispositions communes aux Liquidations judiciaires et aux Faillites

Nous passerons rapidement sur ce titre qui, à part les fonctions des contrôleurs qu'il détermine et sur lesquelles nous nous sommes déjà expliqués, ne contient que des dispositions souvent empruntées à la loi de 1838, ou légèrement modificatives de cette même loi, en sorte que, sans voir aucune raison majeure à ces changements, nous verrions sans inconvénient le texte traitant des fonctions de juge-commissaire, de la vérification des créances, des différentes espèces de créanciers et de leur droit, de la revendication des voies de recours contre les jugements rendus en matière de faillite (seulement) et de la clôture en cas d'insuffisance d'actif, remplacer les chapitres correspondants de la loi de 1838.

TITRE IV

De la Banqueroute

Le législateur a dû adapter ce titre aux nouveaux principes qu'il a émis dans les deux premiers titres de la liquidation judiciaire et de la faillite. N'ayant pas admis ces principes, nous n'admettons pas non plus les modifications qui en résultent. Mais pour être également logiques, suivant l'opinion que nous avons soutenue, nous placerons ici, pour être introduit dans la loi de 1838, un article spécial que nous laissons le soin au législateur de formuler et qui frapperait de banqueroute simple ou de toute autre peine tout failli :

1º Qui ne serait pas déclaré excusable ;

2º Qui, par suite d'inexécution d'un concordat amiable, tomberait ensuite en faillite.

La loi devrait se montrer plus sévère dans le cas où le fait de l'inexécution du concordat amiable serait dû à l'omission d'un créancier, écarté à dessein, ou avec lequel on aurait traité à de meilleures conditions.

TITRE V

De la Réhabilitation

Ce titre renferme une disposition contenue dans les § 2 et 3 de l'art. 602 dont l'avantage et l'importance seront facilement acceptés sans aucune critique et qui doit trouver place sans difficulté dans la loi de 1838. Nous voulons parler de la facilité accordée au failli ou à ses représentants d'obtenir sa propre réhabilitation, ou celle de leur auteur, en déposant à la caisse des dépôts et consignations les sommes revenant aux créanciers décédés, dont les héritiers sont inconnus, ainsi qu'à ceux qui ont disparu ou dont le domicile n'est pas connu.

Conclusion

En résumé, nous ne reconnaissons pas l'utilité du nouveau projet de loi; nous contestons l'amélioration qu'il prétend introduire dans nos relations commerciales et dans nos mœurs.

Nous repoussons la liquidation judiciaire parce qu'elle nous paraît une innovation théorique, peut-être séduisante mais certainement peu pratique; parce qu'elle n'offre aucune garantie nouvelle soit au créancier, soit au débiteur, eu égard aux conséquences qui en découlent.

Nous repoussons surtout la faillite, parce qu'elle manque d'une base déterminée, parce qu'elle frappe la liberté du créancier en lui refusant le droit du concordat.

Est-ce à dire néanmoins que nous ne devions pas être reconnaissants au législateur des efforts qu'il a faits dans sa transformation de la loi des faillites ? Bien au contraire. Si en effet nous n'adoptons pas ce projet de loi, nous rencontrons dans certaines nouvelles dispositions qu'il édicte, d'excellentes réformes que nous avons signalées.

Nous n'avons ni le droit ni la pensée de nous ériger en législateurs, aussi nous sommes-nous bornés à signaler ces modifications heureuses, que nous puisons dans l'examen du projet de loi, avec la ferme conviction que les pouvoirs publics appelés à se prononcer dans cette importante question, et à la haute sagesse desquels nous nous en remettons avec confiance, ne verront dans la franchise et l'indépendance de nos observations, que nous n'avons eu d'autre but dans cette étude que l'intérêt du commerce, la protection de la fortune publique, et l'honneur du titre de citoyen français.

Après avoir entendu la lecture de ce rapport, la Chambre de Commerce de Cognac l'a complètement approuvé, et décide, à l'unanimité, qu'il sera imprimé puis adressé à M. le Garde des Sceaux, ministre de la Justice, à MM. les Sénateurs, les Députés et le Préfet de la Charente, et à toutes les Chambres de Commerce françaises.

Ont signé tous les membres actuels de la Chambre,

MM. Edouard MARTELL, *Président ;* Auguste HINE, *Vice-Président ;* Henri DELAMAIN, Lucien MARCHAND, Gabriel DUPUY d'ANGEAC, Gabriel DENIS, Richard HENNESSY et Armand CASTILLON du PERRON.

9 782013 364669